AF497978

PRÉCIS
ET RÉSUMÉ

DES FAITS ET DES PREUVES LES PLUS IMPORTANTES

POUR M. le Maréchal DE RICHELIEU.

CONTRE Madame DE SAINT-VINCENT.

M. le Maréchal de Richelieu étoit dans son Gouvernement; il apprend que l'on négocie clandestinement des billets supposés signés de lui, & que Madame de Saint-Vincent avoit part à ces négociations ; il lui écrit pour lui en demander compte ; il lui représente qu'*elle avoit intérêt* de l'aider à découvrir cette *fripponnerie*. Madame de Saint-Vincent par sa réponse désavoue la négociation & les billets dont elle dit *qu'elle n'a aucune connoissance* , & elle promet de faire les recherches nécessaires pour découvrir cette intrigue.

Cependant M. le Maréchal est instruit que les négociations continuoient, qu'on avoit donné une portion de ces faux bil-

A

(16.)

lets à moitié de leur valeur, & qu'on en offroit aux trois quarts de perte ; il crut devoir arrêter le cours de cette *fripponnerie* ; il fut conseillé de rendre plainte contre *les auteurs , fauteurs & complices* de la fausseté des billets, sans désigner personne. Son honneur , le danger attaché à son silence & l'intérêt du Public lui en faisoient un devoir, & les Ordonnances ne lui permettoient pas d'autre voie que la plainte *en faux principal*. Comment auroit-il pu prendre celle du *faux incident* , quand il n'y avoit aucune contestation étrangere dans laquelle on eût *incidemment* produit ces billets contre lui , pour lui en demander le paiement ? C'est donc une absurdité que de dire que M. le Maréchal a eu tort de prendre la voie du *faux principal*. On défie ces Censeurs si difficiles d'indiquer d'autres moyens de la suppléer dans la circonstance.

Les premiers Juges ont fait l'information, & c'est par la Justice elle-même que M. le Maréchal a appris que Madame de Saint-Vincent, les sieurs Benavent & Vedel étoient les coupables & les complices du faux. Ils ont été décrétés de prise de corps , ainsi que plusieurs autres que les Juges ont soupçonnés d'être au moins dans la confidence, & desquels ils ont espéré des lumieres toujours importantes dans un crime dont la nature rend les preuves si difficiles.

M. le Maréchal , qui n'avoit désigné personne dans sa plainte , s'est trouvé nécessité par la découverte de la Justice de poursuivre les coupables qu'elle lui indiquoit, & il a eu juste raison de le faire , puisqu'ils se trouvoient saisis du corps du délit.

L'instruction a été commencée au Châtelet, & consommée en la Cour , à laquelle cette affaire a été dévolue dans la suite. Elle touche au moment de sa décision.

Deux points à examiner : 1º Exifte-t-il un faux matériel, c'eft-à-dire, la fignature appofée au bas des billets eft-elle fauffe ? 2º. Eft-il prouvé que Madame de Saint-Vincent eft l'auteur du faux ; que les fieurs Benavent & Vedel font fes complices, & que les autres Accufés ont coopéré à la négociation des billets, connoiffant qu'ils étoient faux ?

L'Arrêt du 29 Mars 1776, en ordonnant *un nouveau rapport d'Experts*, & une addition d'information, a irrévocablement fixé le procès à ces deux queftions.

FAUX MATERIEL.

Que la fignature des billets foit fauffe, c'eft depuis long-tems un point donné dans cette affaire. Les Experts nommés par les premiers Juges ont prononcé unanimement cette fauffeté. La Cour a ordonné une nouvelle vérification, & les feconds Experts ont prononcé comme les premiers. Le fieur Vedel qui ne tient qu'au paiement des billets, & qui ne calcule dans cette affaire que le gain ou la perte de 425,000 liv. a tenté de critiquer leur opération à la confrontation ; mais il a été confondu malgré tous les fubterfuges qu'il a employés pour déconcerter les Experts par fon effronterie, en leur fuppofant même des aveux qu'ils n'avoient pas faits pour en faire fouvent la bafe de fes critiques.

La nouvelle inftruction ordonnée par l'Arrêt interlocutoire a adminiftré un nouveau témoignage bien important, & qui ne peut pas être fufpect aux Accufés. Le fieur Vedel cherchant à fe raffurer fur la reffemblance de la fignature appofée au bas des billets avec celle de M. le Maréchal, avoit confulté en fecret trois Experts : ils déclarerent unanimement que la fignature étoit fauffe ; ils en drefferent un procès-verbal figné d'eux,

& ils ajouterent à ce témoignage une remarque bien importante, en atteſtant qu'ils avoient encore trouvé *la trace du crayon qui avoit ſervi d'eſquiſſe à la ſignature depuis chargée d'encre*. Un des Experts a dépoſé la minute du procès-verbal qu'il a déclaré conforme à celui revêtu des ſignatures qu'il avoit remis au ſieur Vedel , & ſur le doute que ce ſieur Vedel a voulu faire naître à la confrontation , cet Expert l'a ſans doute ſommé de repréſenter le procès-verbal qui lui avoit été remis, s'il prétendoit qu'il ne fût pas conforme à la minute par lui dépoſée.

Quelle foule de réflexions offre ce témoignage! Si Madame de Saint-Vincent avoit reçu , comme elle le ſuppoſe , les billets directement de M. le Maréchal ; ſi le ſieur Vedel s'étoit aſſuré de ce fait , comme il prétend l'avoir fait avec précaution ; pourquoi auroit - il conçu des doutes juſqu'à conſulter des Experts ſur la vérité des ſignatures ? En rapprochant cette démarche de la précaution qu'il avoit eue dans le principe d'aller s'aſſurer ſi la ſignature du mandat & celle du premier billet au porteur feroient illuſion au Notaire de M. le Maréchal , il eſt impoſſible de ne pas reconnoître des fauſſaires convaincus par leur conſcience , qui cherchent à ſe raſſurer par l'illuſion que leur faux peut produire.

Quelle lumiere importante répand encore *cette trace de crayon* qui indique ſi clairement la maniere dont le faux a été commis ? Madame de Saint - Vincent & ſes complices diront-ils encore que cette opération par voïe de *contretirement* eſt l'ouvrage de M. le Maréchal ? Mais c'en eſt trop pour la preuve du faux matériel.

M. le Maréchal y a ajouté ſurabondamment des preuves morales tirées de l'interrogatoire même de Madame de Saint-Vincent. Le Roman qu'elle débite eſt ſi ridicule , qu'il révolte

5

tout esprit raisonnable. Elle dit , « que M. le Maréchal de Ri-
» chelieu ayant été la voir à son Couvent où elle étoit
» arrivée *à son insu* depuis quinze jours , elle lui représenta
» qu'elle manquoit des choses les plus nécessaires à la vie ; que
» sur le champ il lui fit un premier mandat de 300,000 livres
» sur Peixotto, à condition de ne s'en aider qu'après l'année ;
» que ce premier mandat a été converti en un second égale-
» ment sur Peixotto, & que , quoique ce mandat fût échu
» & qu'elle en eût pu demander le paiement à ce Banquier ,
» dont elle devoit avoir grand besoin , elle proposa cependant
» à M. le Maréchal de le convertir en un billet à une échéance
» assez éloignée ; qu'il y consentit, en y ajoutant généreuse-
» ment deux billets de 60,000 chacun , qu'elle ne lui avoit pas
» demandés , dont un étoit destiné au sieur *Vedel*. Et que c'est
» ce dernier billet de 300,000 livres qui a été converti dans
» les billets actuels dont Madame de Saint-Vincent a fait faire
» les corps & fixer les échéances, sans même consulter M. le
» Maréchal (1) ».

Son interrogatoire sur ces objets est un tissu de contradic-
tions , d'absurdités & même d'aveux. Le Mémoire des preuves
morales en est la démonstration.

Qu'on ne dise pas que ces prétendus mandats ne sont point
au procès ; ils en sont nécessairement partie , sans quoi ce procès n'existeroit point. En voici la preuve. 1°. Madame de
Saint-Vincent les a avoués & déclarés dans son interrogatoire ;
ils sont même la base de tout son système. La preuve de ces
mandats est donc au procès. 2° Madame de Saint-Vincent prétend que ce sont ces mêmes mandats qui ont été convertis

____

(1) *Nota* La preuve est au Procès, que le billet de 100 mille écus
étoit encore entre les mains de Madame de Saint-Vincent, depuis sa
prétendue conversion dans les billets actuels.

dans les billets actuels : ces mandats font donc néceffairement
fuppofés au procès, puifqu'ils font donnés comme le germe
des billets qui en font la matiere. Ces billets n'exifteroient donc
pas, & ne pourroient pas être donnés comme l'échange des
mandats par voie de converfion, fi ces mandats n'étoient pas
néceffairement fuppofés : donc ils font partie du procès. En un
mot, ils font donnés comme l'origine des billets argués de
faux ; donc ils entrent dans les preuves de la fauffeté de ces
billets, dès-lors que l'on prouve la fauffeté de cette origine. 3°. Et
cette obfervation eft fans réplique ; le nommé Canron eft encore actuellement dans les liens d'un décret de prife de corps
pour avoir mis une fauffe acceptation *Peixotto* fur un de ces
mandats ; & Madame de Saint-Vincent convient elle - même
de la fauffeté de cette acceptation. Comment peut - on
dire que ce mandat n'eft point au procès, quand il y exifte un
aveu de ce faux, un Accufé & un décret de prife de corps fur le
fondement de la fauffe acceptation mife fur un des mandats ?
S'il n'y a point de mandat, il ne peut y avoir d'acceptation fur
un mandat qui n'exifte point ; & fi au contraire la fauffe acceptation fait partie du procès, le mandat lui-même eft donc fuppofé néceffairement en faire partie. Ce feroit raifonner bien in-
conféquemment que d'en fouftraire une piece, fans laquelle il n'y
auroit point de procès, puifque fans les mandats, les billets actuels qui en font fuppofés l'échange n'exifteroient pas. C'en
eft trop fur cet objet. Paffons au faux perfonnel.

Faux personnel.

Madame de Saint-Vincent eft-elle l'auteur des fauffes fignatures ? Le fieur Vedel eft-il coopérateur du faux ? Le fieur Benavent eft-il leur complice, & les autres Accufés ont-ils trempé

dans la négociation , connoiffant la fauffeté des billets ? Les preuves acquifes au procès font-elles fuffifantes ? C'eft ce qu'il s'agit d'examiner.

Qu'un billet faux foit répandu dans le public ; que la Juftice ignore de quelle main il eft forti pour être négocié ; qu'elle n'ait que des foupçons plus ou moins violens fur l'auteur du faux ; elle eft forcée alors de recourir à cette multitude de pré-fomptions indiquées par les Loix & confacrées par la Jurifpru-dence. Leur concours les fait ériger en preuves ; parce que le faux eft un crime obfcur qui fe commet dans les ténebres , & qui deviendroit impuni , fi l'on exigeoit des preuves comme dans les crimes ordinaires. Auffi eft-ce fur la foi de ces pré-fomptions accumulées que les Magiftrats n'ont point héfité de prononcer jufqu'à préfent les peines les plus rigoureufes (1).

La fauffeté imputée à Madame de Saint-Vincent n'a point be-foin du fecours des préfomptions ; l'inftruction en offre des preuves fi évidentes qu'elles forment une conviction bien rare dans cette matiere. Il eft prouvé que c'eft Madame de Saint-Vincent *qui a fait faire le corps des billets*, qu'ils font fortis de fes mains avec une fauffe fignature ; que c'eft elle qui les a né-gociés *clandeftinement & à vil prix* ; que c'eft elle qui a retiré le profit de ceux qui ont été négociés ; elle eft donc trouvée faifie du crime ; donc elle l'a commis ou fait commettre, donc elle en eft coupable ou complice. Ce ne font point ici des *pré-fomptions*, ce font des *preuves*. On défie ces perfonnes fi diffi-ciles, qui fe permettent de dire qu'elles ne font point fuffifantes,

____

(1) Voyez l'Ordonnance du faux principal de 1737, tit. 1 , art. 30. *Sur le vu de l'information par les feuls Experts ou autres témoins , le Juge pourra décréter , même fans information , en cas qu'il y ait d'ailleurs des charges fuffifantes.*

d'en indiquer de plus fortes ni de plus décifives. Exigent-elles des preuves *de vifu*? C'eft prefque la chofe impoffible. Le faux eft uu crime qui fe commet fans témoins. Veulent-elles l'aveu des accufés ; la Loi ne l'exige pas, comme on vient de le voir ; on ne doit jamais l'efpérer. Qu'on nous dife donc quel autre genre de preuves on demande, fi on croit que celles qui s'élevent contre Madame de Saint-Vincent ne foient pas fuffifantes. Les billets font faux ; ils font fortis faux des mains de Madame de Saint-Vincent ; donc elle eft l'auteur ou la complice du faux. Ce n'eft point un raifonnement, c'eft une démonftration.

On reprendra ici l'exemple déjà propofé. Un vol eft commis ; un homme eft trouvé faifi d'une partie des effets volés, ce qu'on appelle en Juftice *pieces de conviction* ; il eft prouvé qu'il en a vendu une autre partie à vil prix ; la perfonne volée rend plainte. De deux chofes l'une ; ou l'homme faifi des effets ne prouve pas qu'il n'eft ni l'auteur ni complice du vol, ou il le prouve : s'il ne le prouve pas, il eft condamné comme voleur ; s'il fe juftifie d'une maniere fi claire qu'elle écarte tous les foupçons réfultans du corps du délit trouvé dans fes mains, il peut être renvoyé de l'accufation, fans pouvoir afpirer à des dommages-intérêts, parce que l'accufateur a eu jufte caufe de le pourfuivre, par la feule raifon qu'il étoit faifi des effets volés & du corps du délit ; on peut dire même que cette conféquence intéreffe la fûreté publique. Quel eft l'homme volé qui oferoit pourfuivre le dépofitaire des effets volés, s'il pouvoit craindre que, l'accufé prouvant fon innocence, il fût expofé à des dommages-intérêts, malgré la jufte caufe qu'il a eue de pourfuivre ce dépofitaire des effets volés, faifi par conféquent du corps du délit ?

Que Madame de Saint-Vincent & fes complices font éloignés de cette derniere hypothèfe ! Le corps du délit eft forti de

fes

ſes mains ; elle eſt trouvée ſaiſie du crime; donc elle en eſt la coupable , puiſqu'il lui a été impoſſible de prouver qu'il ſoit l'ouvrage d'un autre.

La Loi, la Juſtice & la raiſon ne peuvent pas exiger de preuves plus concluantes & plus déciſives. M. le Maréchal a donc tout
prouvé pour la conviction de Madame de Saint-Vincent, & ſa
condamnation eſt écrite dans la ſeule démonſtration qu'on vient
de propoſer. Il faut prévenir l'erreur qui pourroit réſulter de
ce qu'on ne ſaiſit point l'état de l'affaire & la poſition des Parties. On le répete, M. le Maréchal a adminiſtré toutes les preuves poſſibles pour la conviction de Madame de Saint-Vincent.
C'eſt à elle aujourd'hui à tout prouver pour ſa juſtification ; &
elle ne le peut faire, 1°. qu'en indiquant l'auteur du faux ;
2°. en prouvant que la perſonne indiquée eſt vraiment le fauſſaire. Voilà l'ordre de l'accuſation & de la défenſe.

L'accuſation eſt prouvée; voyons ſi l'innocence l'eſt.

Madame de Saint-Vincent accablée par la conviction qu'elle
ne peut ſe diſſimuler, a tenté d'établir ſon innocence, en
rejettant ſur M. le Maréchal lui-même le faux dont elle
eſt accuſée. « Si les billets ſont faux, dit-elle, c'eſt M. le Ma-
» réchal qui les a envoyés faux ». Ne confondons pas les idées.
Le raiſonnement qu'on oppoſe à Madame de Saint-Vincent eſt une conviction; la reſſource qu'elle emploie eſt une
ſimple allégation ; donc elle ne détruit point une preuve. Madame de Saint-Vincent a eſſayé d'étayer cette allégation par
quelques faits haſardés ; mais elle a échoué dans ſa tentative.
La preuve conſerve donc toute ſa force.

Allons plus loin, & confondons pour jamais cette vaine &
miſérable reſſource, par ſon abſurdité, & même par ſon impoſ-
ſibilité.

B

Selon Madame de Saint-Vincent, les deux mandats étoient de la fignature de M. le Maréchal. Elle dit qu'elle a vu figner le premier, & elle a fait mettre la fauffe acceptation *Peixotto* fur le fecond, comme fur le premier, avec la différence du nom *Peixotto* qu'elle a écrit correctement fur le fecond. Elle ajoute que ce fecond mandat a été converti en un billet de cent mille écus, auquel M. le Maréchal a ajouté deux autres billets de vingt mille écus chacun, & qui ne lui étoient point demandés; & enfin que ces mandats & billets ont été le germe des billets actuels par voie de converfion. C'eft au billet de cent mille écus, & aux deux billets de 60,000 liv. renvoyés de Fontainebleau, que Madame de Saint-Vincent paroît vouloir faire commencer la fauffe fignature qu'elle impute à M. le Maréchal.

1°. Quelle ridicule fuppofition ! Peut-on penfer que M. le Maréchal, qui auroit fi généreufement foufcrit deux mandats, ait commencé à fe repentir de fa générofité à la converfion du fecond mandat dans le billet de cent mille écus, auquel il n'auroit appofé qu'une fignature contrefaite dans l'intention de ne le point payer, en même tems qu'il ajoutoit à ce billet deux autres billets de vingt mille écus chacun qui ne lui étoient point demandés, & qu'il eût ainfi groffi gratuitement fadette de cette fomme, quand il fe propofoit de ne point payer le billet de cent mille écus, au rifque d'être découvert & déshonoré par cette contrefaction !

Ce n'eft pas tout. Le fieur Vedel étoit à peine connu de M. le Maréchal, qui ne l'a vu à Poitiers qu'en maifon tierce & avec les autres Officiers de fon Régiment, & qui n'avoit certainement aucun droit à fes libéralités. Cependant, fuivant le Roman fabuleux de cette affaire, & d'après une lettre déclarée fauffe, M. le Maréchal eft fuppofé avoir gratifié ce Vedel d'une fomme de 60,000 livres en lui envoyant un billet faux de cette fomme. Peut-on rien de plus abfurde? M. le Maréchal ne devoit rien & n'avoit rien promis à ce fieur Vedel, & il fe donne fans aucune raifon un créancier qu'il eft dans l'intention de ne point payer, attendu la fauffeté du billet qu'il fe réferve d'oppofer ; & il s'expofe aux pourfuites d'un homme dont on connoît l'audace & l'intrigue , qui, par l'événement, auroit pu le faire payer & le déshonorer. Eft-il un être raifonnable qui puiffe croire de pareilles extravagances ?

2°. Que M. le Maréchal écrivant à Madame de Saint-Vincent ait traité ces billets d'une *fripponnerie qu'elle avoit autant d'intérêt que lui de ne point laiffer impunie* , & que loin de fe révolter contre cette qualification, comme elle auroit dû le faire , fi elle avoit cru ces billets émanés de M. le Maréchal , elle les ait au contraire défavoués, *n'en ayant*, dit-elle, *pas plus de connoiffance que lui* , n'eft-ce pas une conviction que M. le Maréchal ne lui a jamais envoyé de billets vrais ou faux ?

3°. Le faux imputé à M. le Maréchal feroit d'un genre bien fingulier. Un fauffaire eft celui qui cherche à contrefaire la fignature d'autrui. M. le Maréchal au contraire auroit cherché à cacher & à contrefaire fa propre fignature ; de maniere cependant qu'elle pût tromper Madame de Saint-Vincent & ceux à qui les billets feroient offerts , fans pouvoir être convaincu d'en être l'auteur. Dans ce double projet , M. le Maréchal auroit dû employer une partie de caractere étranger , & conferver une partie de fon caractere propre , fans quoi il n'auroit pas pu efpérer de tromper par l'apparence de fa fignature , & par-là de remplir fon double projet. Mais dans ce plan pouvoit-il efpérer d'échapper à la vérification des Experts , & de n'être pas reconnu par les caracteres qui lui étoient propres , malgré l'infertion prefqu'impoffible de quelques caracteres qui n'auroient point été ceux de fa fignature ordinaire ? Non fans doute ; il fe feroit donc encore expofé en pure perte au déshonneur d'une contrefaction.

4°. Il faut pouffer la fuppofition beaucoup plus loin & faire porter le plan de l'habileté de M. le Maréchal fur des objets beaucoup plus étendus & beaucoup plus difficiles. Madame de Saint-Vincent a produit neuf lettres qui parlent de promeffes de mandats & de l'envoi qui lui en eft fait par M. le Maréchal. Il faut encore fuppofer que ces neuf lettres auroient éte écrites partie en caracteres propres de M. le Maréchal, partie en caracteres étrangers , ce qui annonceroit en lui l'habileté du fauffaire le plus confommé ? Il eft même évident que l'exécution en eft impraticable, parce qu'il eft impoffible de foutenir ce mélange de deux caracteres dans le cours de neuf lettres affez longues, de maniere à échapper à la vérification. Cependant fi M. le Maréchal ne l'a fait ni pu faire , il auroit inutilement contrefait fa fignature dans les billets, puifqu'il auroit été convaincu par des lettres de fon écriture ordinaire , d'avoir envoyé des mandats qui auroient été néceffairement fuppofés le germe des billets poftérieurs.

5°. Le procès-verbal des Experts confultés par Védel porte, qu'ils ont encore trouvé *la trace du crayon depuis furchargé d'encre* pour former la fignature de M. le Maréchal ; ce qui fuppofe un faux commis par *contretirement*. Cette maniere n'eft employée que pour parvenir à une plus parfaite imitation d'une fignature ; or, dans le plan imputé à M. le Maréchal, fon projet auroit été au contraire d'éviter une trop parfaite reffemblance avec fa propre fignature ; la trace du crayon ne peut donc pas être fon ouvrage. Il faudroit d'ailleurs qu'il eût employé le même moyen pour les neuf lettres déclarées fauſſes qui parlent de *mandats*, ſans quoi il n'auroit pas rempli ſon objet, puiſqu'il n'y auroit point eu d'uniformité entre ſes lettres & la ſignature des billets. Toutes ces idées ſont ſi ridicules & ſi impertinentes, qu'il faut être inſenſé pour les imaginer, & encore plus pour les croire.

6°. Ces neuf lettres ont été déclarées fauſſes, donc l'énonciation d'envoi de mandats eſt fauſſe, donc les mandats ſuppoſés envoyés ſont faux. Or, s'ils ſont faux, ils n'ont pas pu être la matiere d'une converſion dans les billets actuels ; donc ces billets n'ont pu être envoyés ni ſouſcrits par M. le Maréchal, donc, s'ils ſont faux, M. le Maréchal ne les a point fait faux ; donc Madame de Saint-Vincent eſt la fauſſaire, puiſque d'après ce raiſonnement ils ſont néceſſairement ſortis faux de ſes mains.

7°. Ce n'eſt pas tout ; Madame de Saint-Vincent a produit treize autres lettres du même caractere que les neuf dont on vient de parler, & qui ont été également déclarées fauſſes. Elles ſont ſuppoſées écrites à différentes époques, & ne traitent que de choſes aſſez indifférentes. Il faut donc encore ſuppoſer que comme elles ſont uniformes, elles ont auſſi l'empreinte d'un double caractere. Delà la ſuppoſition abſurde que M. le Maréchal, en les écrivant dans le cours de ſes relations avec Madame de Saint-Vincent, auroit conçu le projet d'employer ce double caractere pour former ſa ſignature qu'il appoſeroit un jour à des billets qui lui feroient renvoyés par Madame de Saint-Vincent pour parvenir à la tromper ; qu'après avoir ſigné véritablement en ſa préſence un premier mandat, il eut prévu qu'on lui demanderoit ſucceſſivement la converſion de ce premier mandat en un autre mandat, & enfin en billets, & qu'alors il

feroit ufage de ce double caractere, qui tout-à-la-fois repréfenteroit & ne repréfenteroit pas fa fignature ordinaire. On rougit
d'être obligé de relever tant d'abfurdités ; mais pourquoi y fom-
mes-nous forcés par ces gens du monde, incrédules volontaires
qui affectent de ne voir que des doutes où regne la conviction ?

Enfin, on a dit d'après les Experts & d'après le compas, &
encore plus fûrement d'après *le tranfparent* : les fignatures appofées à huit billets font parfaitement uniformes entr'elles en
hauteur, intervalle & diftance des lettres ; quatre autres fignatures diffemblables de celles des huit billets, & appofées à quatre
autres billets font également uniformes entr'elles. C'eft un point
donné par les Experts & par tous les hommes, qu'il eft impoffible que la même perfonne faffe huit & même quatre fignatures
avec cette uniformité & cette précifion phyfique : le
contretirement eft reconnu la feule voie pour y parvenir.

Une nouvelle allégation a été la réponfe de Madame de Saint-
Vincent : M. le Maréchal, a-t-elle dit, a vraifemblablement
figné avec une griffe. On lui a répondu quelle preuve en rap-
portez vous ? M. le Maréchal n'a jamais eu de griffe, & ne s'en
eft jamais fervi dans aucune des parties d'adminiftration dont il
a été chargé, & il défie de citer une feule occafion dans laquelle
il l'ait employée. D'ailleurs l'empreinte d'une griffe eft fi recon-
noiffable qu'on n'a pas befoin du fecours des Experts pour en
juger.

On a ajouté : Des douze fignatures il n'en eft que huit qui
foient uniformes entr'elles. M. le Maréchal avoit donc deux
griffes ? a répondu Madame de Saint-Vincent. Quelle miférable
réponfe ! Mais elle n'iroit point affez loin ; il faudroit fuppofer
que M. le Maréchal auroit eu autant de griffes qu'il auroit employé de mots dans les lettres qu'on lui attribue & qui ont été

déclarées fauffes, puifque dans la fuppofition de Madame de Saint-Vincent, elles auroient dû porter comme les billets l'empreinte d'un double caractere. Rendons lui juftice, elle n'a pas ofé aller jufqu'à ce comble d'égarement.

Rentrons dans l'ordre des abfurdités. Pour foutenir l'allégation d'une griffe, *il faut fuppofer*, dans le fyftême de Madame de Saint-Vincent, que M. le Maréchal, après avoir figné véritablement & fucceffivement deux mandats par voie de converfion, auroit prévu que Madame de Saint-Vincent non contente d'avoir obtenu de fa facilité cette converfion, lui demanderoit un jour la converfion de ces mandats en billets ; que le corps de ces billets lui feroit envoyé à Fontainebleau pour les figner, & que d'après cette prévoyance, il eût fait faire deux griffes d'un caractere *vrai & faux*, qu'il eût eu grand foin de les porter avec lui pour former fa fignature au bas des billets qui lui feroient euvoyés, & pour tromper Madame de Saint-Vincent par le mélange d'un vrai & faux caractere.

Il faut plus ; il faut que M. le Maréchal ait encore finguliérement prévu que le corps des billets lui feroit envoyé écrit ; car fi Madame de Saint-Vincent les avoit apportés elle-même, fon ftratageme devenoit inutile, puifqu'il n'auroit pu l'employer en fa préfence. Il falloit encore qu'il prévît que le corps des billets qui lui feroit envoyé, feroit écrit d'une main étrangere, avec des échéances données fans le confulter, fans quoi les griffes devenoient encore inutiles, parce qu'elles ne pouvoient pas répondre à tous les mots qui devoient former le corps des billets. Tant d'abfurdités révoltent & fatiguent même un efprit raifonnable.

Réfumons toutes ces idées. Madame de Saint-Vincent n'oppofe que des allégations à la conviction qui réfulte de

l'affemblage des preuves. On l'a déja dit, des allégations fim-
plement hafardées ne la détruifent point ; c'en feroit affez. On
fait plus, on fait dégénérer ces allégations dans des abfurdités révoltantes ; on les réduit même à l'impoffibilité. C'eft cependant ici le nœud de toute l'affaire de laquelle un efprit raifonnable doit écarter tous les incidens qui naiffent dans le cours
d'une inftruction, pour ne s'attacher qu'à des idées fimples,
mais qui emportent conviction. Les billets font faux. M. le Maréchal ne les a point envoyés faux. Si cette ridicule imputation
eft détruite, Madame de Saint-Vincent refte donc néceffairement la fauffaire. Elle a fait faire le corps des billets, & fixé
feule les échéances ; ces billets font fortis faux de fes mains,
elle les a négociés, elle en a profité, elle eft trouvée faifie du
crime : donc elle l'a commis ou fait commettre ; donc elle eft
coupable ou complice du faux.

Il n'en faudroit fans doute pas davantage pour opérer la
condamnation de Madame de Saint-Vincent & de fes complices.
Mais quelle foule d'autres preuves fe préfente encore pour
achever la conviction ! On demande quel eft l'auteur des faux
billets ? C'eft celle qui a produit vingt-deux lettres fuppofées
écrites par M. le Maréchal, qui toutes ont été déclarées fauffes
par les Experts, quoique fi reffemblantes à l'écriture de M. le
Maréchal que des témoins ont dépofé y avoir été trompés. On
demande qui a contrefait la fignature de M. le Maréchal ?
C'eft celle qui a contrefait fon écriture dans ces vingt-deux
lettres dont la fauffeté n'a point échappé aux Gens de l'art,
malgré l'habileté de l'imitation. Mais parmi ces lettres neuf
méritent la plus grande attention, parce qu'elles offrent les
conféquences les plus importantes & les plus décifives. Les
auteurs du faux ont bien fenti que des billets portant une

fomme

fomme de 425,000 livres feroient bien fufpects, s'ils fe trouvoient ifolés dans les mains de Madame de Saint-Vincent. Pour
les rendre plus vraifemblables, on a contrefait des lettres con-
tenant l'énonciation d'envoi de mandats qu'on fuppofe avoir
été convertis depuis dans les billets actuels. Cela pofé, raifon-
nons d'après le rapport de ces lettres déclarées fauffes avec
les billets, & prouvons que la fauffeté de ces lettres opere néceffairement celle des billets.

Madame de Saint-Vincent ne les foutient vrais, qu'en fuppofant d'un côté que M. le Maréchal les a foufcrits & envoyés;
& d'un autre côté, que ces mêmes billets font l'échange par
voie de converfion des mandats mentionnés dans les lettres.
Or ces lettres étant fauffes, il s'enfuit que l'énonciation du
mandat & de l'envoi eft également fauffe, & par conféquent
que les mandats & les envois font une fauffeté. Or, fi les
mandats & l'envoi font une fauffeté, il s'enfuit qu'il n'a jamais
exifté ni mandats ni envoi. Or, fi les mandats n'ont point
exifté, s'ils n'ont pu être envoyés, il s'enfuit qu'ils ne peuvent
pas être le germe par voie de converfion des billets repréfentés,
parce qu'il eft impoffible que ce qui n'a jamais exifté foit la matiere d'une converfion, d'un échange ni d'un envoi. Donc les
lettres qui contiennent l'énonciation des mandats & de l'envoi
étant fauffes, les billets qu'on fuppofe en être la repréfenta-
tion, font néceffairement faux, puifqu'ils ne peuvent avoir été
engendrés que par un principe fuppofé dont la fauffeté eft dé-
montrée.

Or Madame de Saint - Vincent ayant produit les lettres
fauffes, il s'enfuit qu'elle en eft la fauffaire, & que la fauffe
énonciation de mandats & d'envoi eft fon ouvrage. Il s'enfuit
encore que les mandats étant une fauffeté, ils n'ont pas pu pro-

duire les billets actuels qui par conféquent font faux. Il s'enfuit encore qu'étant fortis faux de fes mains, & n'ayant jamais pu lui être envoyés, elle eft néceffairement la fauffaire de ces billets.

Une des neuf lettres dont on vient de parler, mérite encore une réflexion particuliere. Au nombre de celles qu'a produit Madame de Saint-Vincent, elle en a imprudemment mêlé une véritablement écrite par M. le Maréchal, & qu'il a reconnue. L'original ne contient que des chofes indifférentes, & ne parle certainement point de mandats. Madame de Saint-Vincent a choifi ce modele, & en a fait une copie contrefaite dans laquelle elle a ajouté l'énonciation de la promeffe d'envoi d'un mandat. Cette copie eft produite par Madame de Saint-Vincent, & en la rapprochant de l'original, on en reconnoît la conformité, fi on en excepte la mention du *mandat* & celle du *tiers* *. Voilà donc Madame de Saint-Vincent convaincue d'être la fauffaire de cette lettre par la feule comparaifon de la copie contrefaite avec l'original, & fans avoir befoin du fecours des Experts. Et ce qu'il eft important de remarquer, eft que tous les faux commis par Madame de Saint-Vincent font toujours relatifs aux billets qu'elle cherchoit à accréditer & aux expédiens qu'elle a cru les plus propres à s'en procurer le paiement. Pourquoi fans cela auroit-elle contrefait & fuppofé tant de lettres? Elle n'auroit point eu befoin d'imaginer toutes ces reffources, fi elle avoit cru ces billets émanés de M. le Maréchal.

Madame de Saint-Vincent va encore être convaincue d'être fauffaire, d'une maniere bien plus éclatante & même de fon aveu. Cet objet mérite toute l'attention de la Cour. Les conféquences qui en réfultent répondent à tout, & dévoilent le plan de toute cette intrigue infame. Madame de Saint-Vincent &

* Nom myftique que le fieur Vedel s'eft donné pour figurer dans cette affaire, & s'approprier un billet de 60,000 livres.

Vedel ont bien fenti qu'on ne croiroit point à une généroſité auſſi abſurde que celle de 425,000 livres , exercée en faveur de Madame de Saint-Vincent , dans laquelle le ſieur Vedel participe modeſtement pour 60,000 livres. On a imaginé le plus criminel de tous les projets. Pour la rendre vraiſemblable, on a ſuppoſé que M. le Maréchal avoit eu un enfant avec Madame de Saint- Vincent, & en même tems qu'il avoit reconnu cette paternité, & mis le ſieur Vedel dans la confidence. La lettre portant cette reconnoiſſance a été colportée à la Cour & à la Ville ; des témoins qui l'ont vue , & qui en ont dépoſé ont cru reconnoître l'écriture de M. le Maréchal, tant elle étoit bien imitée ; mais des pieces trouvées parmi les papiers de Vedel ont dévoilé ce myſtere d'iniquité ; la paternité de M. le Maréchal de Richelieu & le motif de ſa généroſité ſe ſont évanouis, il n'eſt reſté que la fauſſeté de la lettre. Madame de Saint-Vincent a été forcée d'en convenir à l'article 30 de ſon ſecond Interrogatoire. La voilà donc convaincue de ſon propre aveu , & ſans le ſecours des Experts , d'être la fauſſaire de cette lettre infame , & d'être l'auteur d'une trame abominable , & de n'avoir point rougi de ſe couvrir de turpitude pour eſcroquer 425,000 livres auxquelles tous les faux qu'elle a commis ſont toujours relatifs.

L'original de cette lettre a été à la vérité retirée des mains de Mᵉ Lafitte , Procureur; mais ayant été entendu comme témoin dans la nouvelle inſtruction , il en a dépoſé une copie au bas de laquelle eſt la décharge de Madame de Saint -Vincent qui en atteſte la conformité avec l'original. Voilà donc déja deux faux atroces dont Madame de Saint-Vincent eſt convaincue de ſon aveu & ſans le ſecours des Experts, ſur leſ-

quels la Cour a à prononcer, outre la fauffeté des billets &
des autres lettres.

Reprenons l'ordre des preuves. On demande quel eft l'auteur
des fauffes fignatures? C'eft celle qui a contrefait l'écriture de
M. le Maréchal dans les lettres dont on vient de parler, &
particuliérement, de fon aveu, *la lettre de la paternité.*

Quel eft l'auteur du faux? C'eft celle qui a fait foufcrire
par Canron un faux mandat d'une fauffe acceptation de Peixotto, qui, pour réformer l'erreur de Canron dans la maniere
d'écrire le nom du Banquier, a refait un fecond mandat, & y
a appofé la fauffe fignature *Peixotto*, & qui à l'aidé de la
fauffe fignature de ce Banquier a tenté d'efcroquer 24,000 liv.
au fieur Julien fon Correfpondant. Ces faits font prouvés au
procès. Si ce prétendu mandat n'avoit point été faux, Madame
de Saint-Vincent l'auroit-elle rendu inutile, en le chargeant
d'une fauffe acceptation qui en auroit empêché le paiement
à l'échéance? Et fi ce mandat étoit faux ; il n'a pas pu devenir
le principe des billets actuels par la converfion fuppofée. Madame de Saint-Vincent eft convenue qu'elle avoit fait faire
cette fauffe acceptation par Canron. La voilà donc convaincue
par fon propre aveu d'un troifieme faux déféré à la Juftice. Le
décret de Canron a déja commencé fa punition, & Madame
de Saint-Vincent qui lui a fait faire ce faux, échapperoit à la
rigueur des Loix! Un quatrieme faux va achever de l'acca-
bler. Au moment de l'éclat de l'affaire elle s'occupoit d'une
nouvelle fabrication de billets pour une fomme de 80,000 liv.
Elle montra à Benavent une lettre de M. le Maréchal, par
laquelle il lui promettoit de lui renvoyer de Bordeaux ces
billets fignés. Elle a nié l'exiftence de cette lettre, mais Bene-
vent lui a foutenu l'avoir lue. Et l'on demande, d'après la

preuve de ces premiers faux , quel eft l'auteur des faux billets?

C'eft celle à qui M. le Maréchal fait part de la fuppofition des billets qu'il traite *de fripponnerie* , & qui, loin de fe révolter de cette qualification , défavoue ces billets & la négociation qu'elle en faifoit , & qui promet de fe joindre à lui pour découvrir cette intrigue. Eft-ce là le langage qu'elle auroit tenu, fi elle avoit cru ces billets émanés de M. le Maréchal ?

C'eft celle qui négocie une portion de ces billets à la moitié de leur valeur , & qui, preffée de fuir , offre le furplus au trois quarts de perte , parce qu'elle fait qu'ils font faux. Auroit-elle donné à fi vil prix des billets dont le paiement auroit été affuré , fi elle les avoit cru vrais ?

C'eft celle qui , apprennant les recherches faites par M. le Maréchal, & qui craignant les découvertes qui en devoient être la fuite , eft atteinte de frayeurs mortelles, & prépare fa fuite. *Elle a la fievre, elle fe meurt, elle eft avertie qu'elle doit être prife , elle eft perdue, ainfi que fes complices , fi Rubit la trahit.* Ce langage ne défigne-t-il pas clairement une coupable? Et quel pouvoit être fon crime ? La fauffeté des billets négociés.

C'eft celle qui rend à Rubit un billet de 600 liv. pour obtenir fon filence ; c'eft celle qui fait employer auprès de lui la rufe & les menaces par Benavent & Vedel pour retirer des mains de Rubit la garantie qu'ils lui avoient donnée de la légitimité des billets. Tout peint dans cette conduite l'allure du crime effrayé. C'eft celle qui a contrefait une refcription de 30,000 liv. & la fignature du Receveur-Général , ayant pris pour modele une autre refcription de mille écus qui lui avoit été envoyée par M. le Maréchal. Un des témoins lui a vu faire cette contrefaction , & le lui a reproché à l'inftant même.

C'eft celle qui a fait còntrefaire à Milhaud le càchet de M. le Maréchal ; ce cachet joint au talent qu'elle a d'imiter fon écriture, étoit deftiné à donner un air de vérité aux lettres qu'elle vouloit lui attribuer.

C'eft celle qui eft tellement fauffaire d'habitude que Milhaud & Poitiers retentiffent encore des faux en tout genre qu'elle y a commis de fon talent particulier pour contrefaire toutes les écritures & finguliérement celle de M. le Maréchal. Et on doutera encore que cette femme habile ait contrefait fa fignature pour fe procurer 425,000 l. tandis qu'òn la voit employer fon funefte talent tantôt pour fe procurer une modique fomme de 1000 liv. d'un Médecin de Milhaud , & tantôt pour efcroquer des marchandifes dont elle avoit befoin à Milhaud & à Poitiers !

On demande encore quel eft l'auteur du faux ? C'eft celle qui, dans le cours de l'Inftruction , écrivant en confiance à Benavent fon complice, avoue & reconnoît fon crime. *Sans vos lettres & celles de Vedel mon procès feroit admirable; mais je ne puis me défendre des conféquences qu'on tire contre moi de ces malheureufes lettres ; j'ai cependant répondu de mon mieux.* Quelle accumulation de preuves fur la tête de Madame de Saint-Vincent ! Non, il n'a jamais exifté de pro-cès en faux qui en ait tant réuni.

Enfin, faut-il encore des preuves d'un genre plus refpectable pour porter la conviction dans les efprits les plus difficiles ? C'eft dans l'opinion des Magiftrats qu'on va la puifer. Quel eft à leurs yeux l'auteur du faux ? C'eft celle contre laquelle ils ont trouvé des preuves fi évidentes dès le premier pas de l'Inftruction , que , malgré fon rang & fon nom , ils l'ont décrétée de prife-de-corps, quoiqu'elle ne fût pas nommée dans la plainte.

C'eft celle contre laquelle la Cour a conçu de fi violens foupçons, qu'elle lui a refufé dans un tems fa liberté provifoire, & à qui elle ne l'a accordée depuis qu'en état de prife-de-corps.

C'eft celle contre laquelle la Cour, par fon Arrêt du mois de Juillet 1775, a confirmé la procédure du Châtelet, en ordonnant que fon procès lui *feroit fait & parfait* & à fes complices. C'eft cependant cette femme préfumée fi coupable qui ofe efpérer d'être renvoyée de l'accufation, malgré la conviction de quatre faux avoués & reconnus par elle, & qui délegue déjà fes créanciers fur les dommages-intérêts qu'elle attend! Quoi, cette femme innocente! . . . . . Quoi, des dommages-intérêts à Madame de Saint-Vincent! . . . . . . Cette femme couverte de faux & convaincue d'une trame infame, quand elle feroit reconnue auffi innocente qu'elle eft coupable, pourroit-elle en efpérer? Ce n'eft point M. le Maréchal qui l'a accufée, c'eft la Juftice qui a découvert fon crime, qui l'a décrétée de prife-de-corps, & qui a néceffité M. le Maréchal de la pourfuivre. Conduit par la Juftice, n'avoit-il pas une jufte caufe de le faire quand on trouvoit Madame de Saint-Vincent faifie du corps du délit, quand il étoit prouvé que les billets étoient fortis faux de fes mains & qu'elle les avoit négociés? Son honneur attaqué lui a-t-il permis la commifération, quand elle a eu l'effronterie de dire que, *c'étoit M. le Maréchal qui lui avoit donné des billets faux?* Elle eft le voleur qu'on trouve faifi des effets volés ou qui les a vendus, qui même en fe juftifiant ne peut point afpirer à des dommages-intérêts, parce qu'il y avoit jufte caufe de le pourfuivre.

Mais que Madame de Saint-Vincent eſt éloignée de cette hypothèſe! Les preuves s'accroiſſent chaque jour contr'elle, & bien loin que celles qui ont déterminé le premier ſuffrage des Magiſtrats ſe ſoient affoiblies, elles ont acquis une nouvelle force par la derniere inſtruction qu'ils ont ordonnée. Elle a procuré la découverte de trois nouveaux faux commis par Madame de Saint-Vincent, le dépôt de la lettre de la paternité, le témoignage des trois Experts conſultés par Vedel, la remarque importante *de la trace du crayon* dont ils ont fait mention dans leur procès-verbal, dont un des Experts a ſoutenu la vérité à Vedel lors de ſa confrontation, malgré les injures & les violences dont il l'accabloit; enfin la ſeconde vérification d'Experts, ordonnée par la Cour, entiérement conforme à la premiere.

Quelques partiſans des Accuſés & plus téméraires qu'eux encore, ont l'audace de vouloir prévenir le Jugement de la Cour, & de donner à leur témérité un ton de certitude. Si on les en croit, le faux matériel ne ſera ſeulement pas examiné, & ſans même avoir égard aux quatre faux dont Madame de Saint-Vincent eſt convaincue par ſon aveu, on la déclarera innocente, faute de preuves de la perſonnalité du faux; *Et les Parties ſeront renvoyées à fins civiles; c'eſt-à-dire, que par un renverſement de toutes les idées, on examinera ſeulement s'il y a un coupable, ſans ſavoir s'il y a un délit, & que les Parties renvoyées à fins civiles y procéderont à une nouvelle vérification des billets, quand ils ont déjà été déclarés faux per deux procès-verbaux d'Experts ordonnés par les premiers Juges & par la Cour.* Il faut abandonner ces prédictions téméraires aux Accuſés qui les ont enfantées.

Il eſt impoſſible qu'en réuniſſant dans ce moment la multitude des preuves préſentées rapidement dans ce Précis, elles ne portent point la conviction dans les eſprits les plus ſuſceptibles de prévention. On le répétera cent fois, c'eſt Madame de Saint-Vincent *qui a fait faire le corps des billets & fixé les échéances.* Ces billets ſont ſortis de ſes mains avec de fauſſes ſignatures; elle les a négociés à vil prix en demandant le plus grand ſecret; elle en a profité; elle a été trouvé ſaiſie du crime; donc elle l'a commis ou fait commettre; donc elle en eſt coupable ou complice, donc elle ne peut échapper à la rigueur des Loix.

Si l'aſſemblage immenſe des preuves qui s'élevent contre elle & ſes complices pouvoit être regardé comme inſuffiſant, il faut déclarer à la Société que le crime de faux ſi facile à commettre, qui l'intéreſſe ſi eſſentiellement, eſt impoſſible à prouver, & qu'il reſtera à jamais impuni. *Signé*, LE MARÉCHAL DUC DE RICHELIEU.

CHAMBRES ASSEMBLÉES,

LES PRINCES ET PAIRS Y SÉANS.

Meſſieurs { ROLAND DE CHALLERANGE, } *Rapporteurs.*
{ TITON, }

BOURGEOIS, Proc.

De l'Imprimerie de L. CELLOT, rue Dauphine, 1777.

D

FAUTES à corriger dans le dernier Mémoire de M. le MARÉCHAL DE RICHELIEU, à la fin duquel eſt la CONSULTATION ſignée de ſon Conſeil.

PAGE 41, *ligne* 29, *à la note*, elle n'avoit pas pu prévoir, *liſez* : elle avoit bien pu prévoir.

Page 59, *ligne* 21, 13 Octobre, *liſez* : 13 Novembre.

Page 76, *ligne* 26, le 19 Juin, *liſez* : le 16 Juin.

Page 82, *ligne* 14, le 14 Juillet, *liſez* : le 24 Juillet.

Même page, note 3, de Vezau *liſez* : Vezou.

Page 112, *ligue* 9, l'Arrêt du 17 Mars 1774, *liſez* 17 Mars 1775.

POST-SCRIPTUM.

MADAME DE SAINT-VINCENT va diſtribuer un Mémoire, où, ſuivant ſon uſage, le fonds de l'affaire ne ſera point diſcuté. Des injures, des ſophiſmes, du rempliſſage & des ponctuations feront un volume. Elle invectivera les témoins ; niera ce que M. le Maréchal a cité de leurs dépoſitions, & prétendra les avoir confondus aux confrontations. On peut tenir toutes les citations faites par M. le Maréchal pour conſtantes ; d'ailleurs, il n'y a qu'un mot pour faire tomber la diatribe qui ſera prodiguée aux témoins par Madame de Saint-Vincent.

Les dépoſitions des témoins ſervent d'inductions pour établir la moralité de Madame de Saint-Vincent. Les preuves directes ſe tirent de ſes papiers, de ſes pieces & de ſes interrogatoires. La fauſſe lettre de la *paternité* reſte entiere, & c'eſt la prétendue *cauſe* des billets. Les deux fauſſes acceptations *Peixotto* ſubſiſtent, ainſi que l'excroquerie tentée ſur ce faux auprès du ſieur Julien, Banquier : de-là la fauſſeté des mandats reſte prouvée. Des effets *faux & non donnés* par le prétendu Signataire, n'ont pas pu être convertis par lui en billets vrais. *L'alibi* du 14 Novembre 1773 prouve ſurabondamment la fauſſeté de l'envoi du billet au Porteur de 100 mille écus. Celui-ci n'ayant été donné ni envoyé, n'a pas été converti en dix billets montant, pour comble d'abſurdités, à 5000 liv. de plus. Il reſte également prouvé que Madame de Saint-Vincent a fabriqué une fauſſe lettre de M. le Maréchal pour valider 80000 livres de nouveaux billets , qu'elle s'occupoit de fabriquer lors de l'éclat de l'affaire.

L'affaire fe réduit là , & , indépendamment de l'abfurdité de la fable dans tout fon contexte, le faux dénoncé par M. le Maréchal à la Juftice , eft démontré par cette férie de *faits*.

Signé , LE MARÉCHAL DUC DE RICHELIEU.

BOURGEOIS, Procureur.

De l'Imp. de L. CELLOT, rue Dauphine, 1777.